5

It is often red
with black dots.

Con frecuencia
son rojas con
manchas negras.

7

Its colors keep it safe.
Animals know
it tastes bad!

Su color las mantiene
seguras. ¡Otros
animales saben que
tiene mal sabor!

It can fly!

¡Las mariquitas
pueden volar!

11

Its wings are hidden
on its back.

Las alas están
escondidas en
su espalda.

13

Its wings are very fast.
They beat 85 times
a second!

Sus alas son muy
rápidas. ¡Se mueven 85
veces por segundo!

15

It likes to eat bugs.
This is its food.

A las mariquitas les
gusta comer bichos.
Esta es su comida.

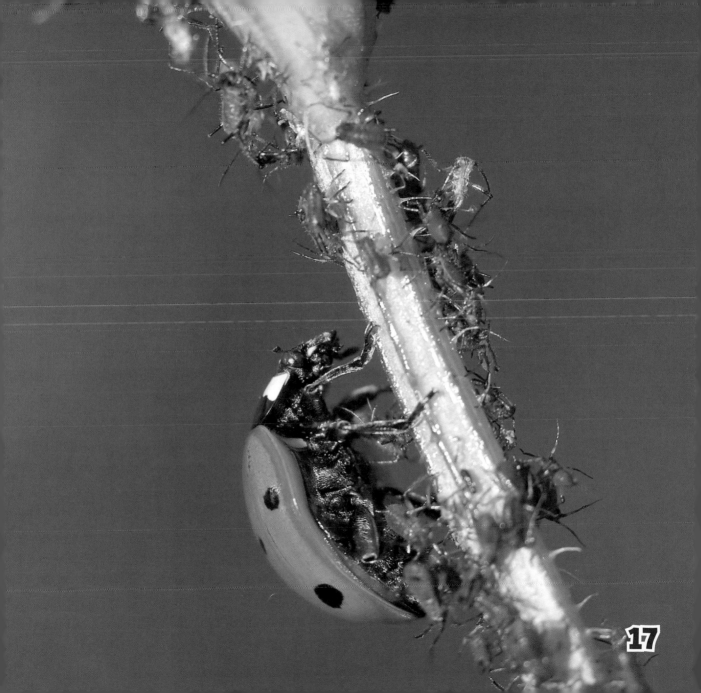

17

Farmers love ladybugs!
They eat pests
that hurt plants.

¡A los granjeros les
encantan las
mariquitas! Estas comen
las plagas que afectan
las plantas.

19

They hide in groups when it gets cold. This is called hibernation.

Cuando hace frío, las mariquitas se reúnen en grupos. A esto se le llama hibernar.

21

They stay in dead trees
or under rocks.
They come back out
in the spring!

Las mariquitas pasan el
invierno en troncos de
árboles y bajo las
rocas. ¡En la primavera
salen de nuevo!

23

Words to Know/ Palabras que debes saber

pests/
(las) plagas

trees/
(los) árboles

wings/
(las) alas

Index / Índice

24